العَمُّ العَزيزُ جاسِمٌ

عمّار الشّامي

DEAR UNCLE JASSIM

MODERN STANDARD ARABIC READER — BOOK 30
BY AMMAR AL-SHAAMI

lingualism

ISBN: 978-1-949650-88-4

Written by Ammar Al-Shaami

Edited by Ahmed Younis and Matthew Aldrich

Arabic translation* by Ahmed Younis

Cover art by Duc-Minh Vu

Audio by Ahmed Younis

** from the original Levantine Arabic to Modern Standard Arabic*

website: www.lingualism.com

email: contact@lingualism.com

INTRODUCTION

The **Modern Standard Arabic Readers** series aims to provide learners with much-needed exposure to authentic language. The books in the series are at a similar level (B1-B2) and can be read in any order. The stories are a fun and flexible tool for building vocabulary, improving language skills, and developing overall fluency.

The main text is presented on even-numbered pages with tashkeel (diacritics) to aid in reading, while parallel English translations on odd-numbered pages are there to help you better understand new words and idioms. A second version of the text is given at the back of the book, without the distraction of tashkeel and translations, for those who are up to the challenge.

New to this edition: the English translations have been revised for improved clarity and accuracy. Each story now also includes **20 comprehension questions** with example answers to help reinforce your understanding of the text. A **sequencing exercise** is provided as well, where you'll put ten key events from the story back in their correct order. These additions make the book even more useful for self-study, classroom use, or group discussions.

Visit www.lingualism.com/audio, to stream or download the free accompanying audio.

This book is also available in Levantine Arabic at www.lingualism.com/lar.

العَمُّ العَزيزُ جاسِمٌ

في يَوْمٍ مِنَ الأَيّامِ، كانَ هُناكَ رَجُلٌ يُدْعى عِمادُ وَزَوْجَتُهُ أَحْلامُ، يَعيشانِ مَيْسورا الحالِ في مَنْزِلٍ وَرِثَهُ عَنْ والِدَيْهِ في أَحَدِ أَحْياءِ دِمَشْقَ. يَعْمَلُ عِمادٌ مُدَرِّسًا في مَدْرَسَةٍ اِبْتِدائِيَّةٍ، وَزَوْجَتُهُ أَحْلامُ مُوَظَّفَةٌ في قِسْمِ الخَدَماتِ الفَنِّيَّةِ. يَسْتَيْقِظانِ كُلَّ صَباحٍ في السّادِسَةِ صَباحًا وَبَعْدَ المُواصَلاتِ وَازْدِحامِ سَيّاراتِ الأُجْرَةِ، يَصِلُ عِمادٌ إِلى عَمَلِهِ في المَدْرَسَةِ السّاعَةَ 7:30 صَباحًا.

هاجَرَ ابْنُ عَمِّ عِمادٍ إِلى أَلْمانْيا كَما فَعَلَ العَديدُ مِنْ أَصْدِقاءِ عِمادٍ وَزَوْجَتِهِ، لَكِنَّ عِمادَ كانَ عَنيدًا بِالنِّسْبَةِ لِرَأْيِهِ في الهِجْرَةِ وَقالَ بَيْنَهُ وَبَيْنَ نَفْسِهِ ذاتَ مَرَّةٍ: "تُرابُ الوَطَنِ غالٍ وَالغُرْبَةُ مَذَلَّةٌ وَإِهانَةٌ. أَنا أُفَضِّلُ أَنْ أَبْقى بِبَلَدي وَلا أَنْ أُذَلَّ وَأُصْبِحَ لاجِئًا بِلا مَأْوًى في أوروبّا أَوْ أَيِّ مَكانٍ خارِجَ وَطَني سورْيا". مَرَّتِ الأَيّامُ وَالسِنينُ، وَالأَوْضاعُ كَما هِيَ تَتَحَسَّنُ بِبُطْءٍ شَديدٍ، حَتّى ضاقَ صَدْرُ عِمادٍ وَزَوْجَتُهُ مِنْ سوءِ الأَحْوالِ وَلَمْ يَعُدْ قادِرًا عَلى تَلْبِيَةِ احْتِياجاتِهِ وَأَصْبَحَتْ حَياتُهُ كُلُّها مَشَقَّةٌ وَتَعَبٌ.

Once upon a time, there was a man named Emad and his wife Ahlam, living comfortably in a house he had inherited from his parents in one of Damascus's neighborhoods. Emad works as a teacher in a primary school, and his wife Ahlam is an employee in the technical services department. They wake up every morning at six a.m., and after transportation and the congestion of taxis, Emad arrives at his work at the school at 7:30 a.m.

Emad's cousin emigrated to Germany as did many of Emad and his wife's friends, but Emad was stubborn in his opinion about emigration and once said to himself: "The soil of the homeland is precious, and emigrating is humiliation and disgrace. I prefer to stay in my country and not be humiliated and become a refugee without shelter in Europe or any place outside my homeland Syria." The days and years passed, and the situation remained the same, improving very slowly, until Emad and his wife became fed up with the bad conditions and he was no longer able to meet his needs, and his whole life became hardship and exhaustion.

ذاتَ يَوْمٍ، تَحَدَّثَ عِمادٌ إِلَى ابْنِ عَمِّهِ الَّذِي يَعِيشُ فِي أَلْمانْيا عَبْرَ تَطْبِيقِ رَسائِلِ الفيسْبُوكْ وَاشْتَكَى لَهُ مِنْ سُوءِ الأَوْضاعِ الَّتِي يَمُرُّ بِها. وَبَدَلًا مِنْ مُواساتِهِ، كانَ ابْنُ عَمِّهِ يُرِيهِ مَنْزِلَهُ وَنَظافَةَ الشَّوارِعِ وَالهُدوءِ مِنْ حَوْلِهِ. ظَلَّ عِمادٌ يَتَذَمَّرُ فَقَرَّرَ ابْنُ عَمِّهِ مُساعَدَتَهُ وَوَعَدَهُ بِأَنَّهُ سَيُحاوِلُ مُساعَدَتَهُ بِالحُصولِ عَلَى تَأْشِيرَةٍ لِيُسافِرَ إِلَى أَلْمانْيا وَطَلَبَ مِنْهُ تَصْدِيقَ وَثائِقِهِ وَشَهادَتِهِ الجامِعِيَّةِ وَجَوازِ سَفَرِهِ وَإِرْسالِهِمْ إِلَيْهِ. وَبَدَأَ عِمادٌ بِتَنْظِيمِ أَوْراقِهِ وَتَبَقَّى عَلَيْهِ فَقَطْ تَرْجَمَتُها مِنَ الجِهاتِ المُخْتَصَّةِ.

لِذَلِكَ عِنْدَما وَصَلَ إِلَى المَدْرَسَةِ، بَدَأَ يَوْمَهُ وَهُوَ يَتَوَدَّدُ إِلَى مُدِيرِهِ -الأُسْتاذُ رِفْعَتْ-. وَهُوَ مُعَلِّمٌ قَدِيمٌ، مِمّا يَعْنِي أَنَّهُ شَخْصٌ لا يُزَعْزِعُ صُمودَهُ أَيُّ شَيْءٍ مَهْما كانَ.

كانَ فِي نِيَّةِ عِمادٍ أَنْ يَعْمَلَ فَقَطْ نِصْفَ اليَوْمِ لِيَتَمَكَّنَ مِنْ تَصْدِيقِ أَوْراقِهِ. لَكِنْ بَعْدَ أَنْ رَفَضَ المُدِيرُ طَلَبَهُ بِحُجَّةِ التَّفْتِيشِ وَالطُّلّابِ وَالوِزارَةِ وَنَقْصِ عَدَدِ المُعَلِّمِينَ، لَمْ يَكُنْ لَدَى عِمادٍ أَيُّ خِيارٍ سِوَى مُواصَلَةِ يَوْمِهِ الكامِلِ مِثْلَ أَيِّ يَوْمٍ عادِيٍّ مُحاوِلًا المُغادَرَةَ فِي آخِرِ حِصَّةٍ لَهُ لَعَلَّهُ يَلْحَقُ بِمَكْتَبِ الجِهاتِ المُخْتَصَّةِ لِيُنْهِيَ مُعامَلَتَهُ.

One day, Emad spoke to his cousin who lives in Germany through the Facebook Messenger app and complained to him about the bad conditions he was going through. And instead of consoling him, his cousin was showing him his house and the cleanliness of the streets and the calm around him. Emad kept complaining, so his cousin decided to help him and promised him that he would try to help him obtain a visa to travel to Germany and asked him to authenticate his documents, his university degree, and his passport and to send them to him. Emad began organizing his papers, and all that remained was to translate them by the relevant authorities.

Therefore, when he arrived at the school, he began his day while trying to be friendly to his principal – Mr. Rifaat –. And he is an old teacher, which means that nothing shakes his composure, no matter what it is.

It was Emad's intention to work only half the day so that he could authenticate his papers. But after the principal refused his request under the pretext of inspections, students, the ministry, and the shortage of teachers, Emad had no choice but to continue his full day like any normal day, trying to leave after his last period in hopes that he might catch the office of the relevant authorities to finish his paperwork.

بَدَأَ بِإِعْطَاءِ دُرُوسِهِ فِي الصَّفَّيْنِ الثّالِثِ وَالرّابِعِ بِما فِي ذَلِكَ حِصَصُ الإِمْلاءِ وَالقَواعِدِ وَالإِعْرابِ وَما إِلى ذَلِكَ.

وَكانَتِ الحِصَّةُ الثّالِثَةُ فِي الصَّفِّ الخامِسِ دَرْسًا فِي التَّعْبِيرِ وَإِنْشاءِ المَواضِيعِ وِفْقَ الخُطَّةِ الدِّراسِيَّةِ الَّتِي وَضَعَتْها الوِزارَةُ. فَتَحَ الكِتابَ الوِزارِيَّ لِيَرى المَوْضُوعَ الَّذِي يَجِبُ أَنْ يَقُومَ بِتَدْرِيسِهِ بِهذا اليَوْمِ حَسْبَ الخُطَّةِ، وَكانَ مَوْضُوعُ التَّعْبِيرِ عَنِ الوَطَنِ وَالحَنِينِ لَهُ وَضَرُورَةُ عَوْدَةِ المُواطِنِينَ السُّورِيِّينَ إِلى أَوْطانِهِمْ، وَحاجَةِ البِلادِ لِلْكَفاءاتِ الوَطَنِيَّةِ، الَّتِي تَرَكَتِ الوَطَنَ وَذَهَبَتْ إِلى خارِجِ البِلادِ مَعَ أَوَّلِ فُرْصَةٍ سَنَحَتْ لَهُمْ إِلى خارِجِ دُوَلِ العالَمِ كالأَطِبّاءِ وَالمُهَنْدِسِينَ وَرِجالِ الأَعْمالِ وَأَصْحابِ المَصانِعِ وَالحِرَفِيِّينَ المَهَرَةِ.

لا أُشَكِّكُ بِشَأْنِ هَذِهِ الخُطَّةِ التَّعْلِيمِيَّةِ الَّتِي وَضَعَتْها الوِزارَةُ، وَلَكِنْ ماذا سَتَفْعَلُ الدَّوْلَةُ لِمَنْ هاجَرُوا البِلادَ مُنْذُ خَمْسِ سَنَواتٍ، وَاسْتَقَرُّوا وَبَدَأُوا يَنْجَحُونَ وَيَرَوْنَ نَتائِجَ عَمَلِهِمِ الجادِّ، وَكَيْفَ سَتُجْبِرُهُمِ الدَّوْلَةُ عَلَى العَوْدَةِ وَما زالَ النّاسُ هُنا يُعانُونَ مِنْ نَقْصِ الوَظائِفِ وَقِلَّةِ الكَهْرُباءِ وَسُوءِ المُواصَلاتِ، وَزِيادَةِ أَعْدادِ طَوابِيرِ الخُبْزِ وَالغازِ وَالوَقُودِ؟

[3:58]

He began giving his lessons in the third and fourth grades, including dictation, grammar, parsing, and so on.

And the third period in the fifth grade was a lesson in composition and writing topics according to the curriculum that the ministry had set. He opened the ministry textbook to see the topic that he must teach that day according to the plan, and the topic was about the homeland and longing for it, and the necessity of Syrian citizens returning to their homelands, and the country's need for national competencies who left the homeland and went abroad at the first opportunity that arose for them to countries outside the world, such as doctors, engineers, businessmen, factory owners, and skilled artisans.

I do not question this educational plan that the ministry set, but what will the state do for those who emigrated from the country five years ago, and have settled and started to succeed and see the results of their hard work, and how will the state force them to return while people here are still suffering from a lack of jobs, a shortage of electricity, poor transportation, and increasing lines for bread, gas, and fuel?

لَكِنْ مِنْ غَيْرِ المَعْقولِ أَنْ يُجادِلَ خُطَّةَ الوِزارَةِ! عَقْلُهُ مَشْغولٌ بِمُحاوَلَةِ إيجادِ طَريقَةٍ ما لِتَصْديقِ أَوْراقِهِ الرَّسْمِيَّةِ، لِيَتَمَكَّنَ مِنَ الحُصولِ عَلى التَّأْشيرَةِ وَالسَّفَرِ عَلى مَتْنِ أَوَّلِ طائِرَةٍ مُتَّجِهَةٍ إِلى أَلْمانْيا، وَالبَدْءِ في تَحْقيقِ حُلْمِهِ بِالعَمَلِ في مَصْنَعِ سَيّاراتِ مَرْسيدِسِ الَّتي لَمْ يَرْكَبْها قَطُّ وَلا يَعْرِفُ كَيْفَ يَقودُها.

ذَهَبَ عِمادُ إِلى الصَّفِّ الخامِسِ الِابْتِدائِيِّ. وَهَذا الصَّفُّ الوَحيدُ الَّذي لا يُحِبُّهُ لِأَنَّ طُلّابَهُ لَدَيْهِمْ مَشاكِلُ في الِاسْتيعابِ وَالفَهْمِ حَسْبَ رَأْيِهِ الخاصِّ، لا سِيَّما طالِبٌ يُدْعى ديبو وَرِفاقُهُ لَكِنَّ ذَلِكَ الأَمْرَ لا خَيارَ فيهِ. طَلَبَ مِنَ التَّلاميذِ أَنْ يَكْتُبوا مَوْضوعَ تَعْبيرٍ وَكانَ النَّصُّ عَلى النَّحْوِ التّالي:

"لَكَ عَمٌّ هاجَرَ إِلى أوروبّا مُنْذُ بِدايَةِ الأَحْداثِ الَّتي حَدَثَتْ في سورْيا، أُكْتُبْ لَهُ رِسالَةً تُشَجِّعُهُ فيها وَتَحُثُّهُ عَلى العَوْدَةِ إِلى الوَطَنِ لِيَتَحَرَّرَ مِنْ آلامِ وَمُعاناةِ الغُرْبَةِ، مُوَضِّحًا لَهُ

[5:52]

But it is unreasonable to argue with the ministry's plan! His mind is occupied with trying to find some way to authenticate his official documents, so he can obtain the visa and travel on the first plane heading to Germany, and begin to fulfill his dream of working in the Mercedes car factory, which he has never ridden in and does not know how to drive.

Emad went to the fifth-grade class. And this is the only class he does not like, because its students have problems with comprehension and understanding, according to his own opinion— especially a student named Debo and his friends. But that matter is not up for choice. He asked the students to write a composition topic, and the text was as follows:

"You have an uncle who emigrated to Europe at the beginning of the events that happened in Syria. Write him a letter in which you encourage him and urge him to return to the homeland to be freed from the pains and suffering of living abroad, explaining to him that

أَنَّ البِلادَ أَصْبَحَتْ آمِنَةً، وَأَنَّ البُنْيَةَ التَّحْتِيَّةَ تَحَسَّنَتْ كَثيرًا، وَعَنْ تَوافُرِ فُرَصِ العَمَلِ وَالمُسْتَقْبَلِ المُشْرِقِ، وَإِبْلاغِهِ بِالتَّطَوُّراتِ وَالأَمانِ الَّذي تَعيشُهُ البِلادُ الآنَ بَعْدَ هِجْرَتِهِ، وَانْتِهاءِ الأَسْبابِ الَّتي دَفَعَتْهُ لِلْهِجْرَةِ إِلى المَهْجَرِ."

نَظَرَ الطُّلّابُ إِلى السَّيِّدِ عِمادٍ بِاسْتِغْرابٍ. البَعْضُ مِنْهُمْ فَهِمَ وَالبَعْضُ الآخَرُ لَمْ يُصَدِّقْ ما يَطْلُبُهُ مِنْهُ أُسْتاذُهُمْ. لَمْ يَسْتَغْرِقِ الأَمْرُ وَقْتًا طَويلًا، وَبَدَأوا بِالكِتابَةِ، لَكِنَّ صَوْتَ الطّالِبِ ديبو الفُضولِيِّ أَوْقَفَ الجَميعَ عَنْ كِتابَةِ المَوْضوعِ.

سَأَلَ ديبو: "يا أُسْتاذُ، ما مَعْنى أَنْ أَحُثَّهُ؟"

أَجابَ السَّيِّدُ عِمادٌ: "أَحُثَّهُ تَعْني أَنْ تُخْبِرَهُ بِأَنَّ كُلَّ شَيْءٍ عَلى ما يُرامُ، وَأَنَّ الكَهْرُباءَ تَعْمَلُ 24 ساعَةً في اليَوْمِ، وَأَنَّ الإِنْتَرْنِتَّ رَخيصُ التَّكْلِفَةِ، وَأَنَّ المُواصَلاتَ جَيِّدَةٌ وَلا يوجَدُ ازْدِحامٌ وَأَنَّ الخُبْزَ مُتَوَفِّرٌ وَلا توجَدُ قَوائِمُ انْتِظارٍ أَوْ مَعارِكُ في الطَّوابيرِ. هَلْ تَفْهَمُ الآنَ أَيُّها الغَبِيُّ؟ حَتّى يَشْعُرَ بِالحَماسِ وَيَعودَ!"

the country has become safe, that the infrastructure has greatly improved, about the availability of job opportunities and a bright future, and informing him of the developments and the security that the country is now experiencing after his emigration, and the end of the reasons that pushed him to emigrate abroad."

The students looked at Mr. Emad in astonishment. Some of them understood, and others did not believe what their teacher was asking of them. It didn't take long, and they began writing. But the voice of the curious student Debo stopped everyone from writing the topic.

Debo asked: "Sir, what does 'urge him' mean?"

Mr. Emad answered: "'Urge him' means to tell him that everything is fine, that electricity works 24 hours a day, that the internet is inexpensive, that transportation is good and there is no congestion, and that bread is available and there are no waiting lists or fights in the lines. Do you understand now, you idiot? So that he feels enthusiastic and comes back!"

قالَ ديبو: "أَتَقْصِدُ أَنْ أُلَوِّنَ الكَلامَ وَأُصَوِّرَ لَهُ الحَياةَ بِلَوْنِها الوَرْدِيِّ وَأَنْ أَنْثُرَ لَهُ الوُرودَ بِكُلِّ مَكانٍ لِيَعودَ، أَهَذا ما تَقْصِدُهُ يا مُعَلِّمي؟"

أَجابَ المُعَلِّمُ عِمادٌ قائِلًا: "أُصمُتْ وَاكْتُبِ الآنَ. مِنْ أَيْنَ تَعَلَّمْتَ هَذا الكَلامَ؟"

فَرَدَّ ديبو قائِلًا: "مِنَ المُسَلْسَلاتِ الَّتي أُشاهِدُها أَنا وَأُمّي وَابْنَةُ خالَتِها عَلى التِّلْفازِ كُلَّ يَوْمٍ وَهُما يَتَحَدَّثانِ عَنْ جارَتِنا سَوْسَنَ وَزَوْجُها أَبو العَبْدِ."

أَجابَ المُعَلِّمُ عِمادٌ: "تَوَقَّفْ عَنْ مُشاهَدَةِ المُسَلْسَلاتِ التُّرْكِيَّةِ وَالسّورِيَّةِ، وَشاهِدْ قَناةَ سْبيسْ تونْ لِلْأَطْفالِ أَيُّها السَّمينُ."

قالَ ديبو: "لا أَسْتَطيعُ، أُحِبُّ المُسَلْسَلاتِ السّورِيَّةَ وَالعَقيدَ أَبو شِهابٍ وَأَبو جانْتي، خاصَّةً عِنْدَما أَجْلِسُ بِجانِبِ أُمّي وَهِيَ تَتَسَلّى بِالمُكَسَّراتِ وَتَشْرَبُ المَشْروبَ الغازِيَّ."

[9:04]

Debo said: "Do you mean that I color the words and paint life for him in a rosy color and scatter roses everywhere so he returns—is that what you mean, teacher?"

Teacher Emad answered, saying: "Be quiet and write now. Where did you learn these words?"

Debo replied, saying: "From the TV shows that my mom and I and her cousin's daughter watch on TV every day, and they talk about our neighbor Sawsan and her husband Abu al-Abd."

Teacher Emad answered: "Stop watching Turkish and Syrian TV shows, and watch SpaceToon channel for kids, you chubby one."

Debo said: "I can't. I love Syrian shows and Colonel Abu Shehab and Abu Janti—especially when I sit next to my mom while she snacks on nuts and drinks soda."

أَجابَ المُعَلِّمُ عِمادٌ: "شاهِدِ المُسَلْسَلاتِ التّاريخِيَّةَ إِذًا، وَتَوَقَّفْ عَنِ الجُلوسِ بِجانِبِ والِدَتِكَ كَثيرًا، وَالأَفْضَلُ لَكَ أَنْ تُرَكِّزَ عَلى دِراسَتِكَ."

قالَ ديبو: "حَسَنًا يا مُعَلِّمي."

قالَتْ أَميرَةُ: "ما مَعْنى كَلِمَةُ 'تَحَرُّرٌ'؟"

أَجابَ المُعَلِّمُ عِمادٌ: "تَعْني أَنْ نُحارِبَ العاداتِ المُتَوارَثَةِ وَالتَّقاليدِ المُتَخَلِّفَةِ الَّتي عَفا عَلَيْها الزَّمَنُ وَكُلُّ ما لا يُناسِبُ هَذِهِ الأَيّامَ وَما لا يَتَوافَقُ مَعَ الحَضارَةِ وَالتِّكْنولوجْيا."

قالَتْ أَميرَةُ: "ما مَعْنى 'العاداتُ وَالتَّقاليدُ الَّتي عَفا عَلَيْها الزَّمَنُ'، يا مُعَلِّمي؟"

أَجابَ المُعَلِّمُ عِمادٌ: "مِثْلَ ضَرْبِ الزَّوْجاتِ وَالأَطْفالِ وَزَواجِ القاصِراتِ في سِنِّ الرّابِعَةِ عَشْرَةَ فَتَتَزَوَّجُ الطِّفْلَةُ وَتَحْمَلُ ثُمَّ تُنْجِبُ طِفْلًا وَلا تَكونُ بَلَغَتِ السّادِسَةَ عَشْرَةَ مِنْ عُمُرِها. هَلْ تَفْهَمينَ ما أَقْصِدُهُ الآنَ يا أَميرَةُ؟ أَمْ لا؟"

وَسَأَلَ حُسَيْنٌ: "ما مَعْنى جُمْلَةُ 'أَمانُ الوَطَنِ'؟"

[10:23]

Teacher Emad answered: "Then watch historical series, and stop sitting next to your mother so much. It's better for you to focus on your studies."

Debo said: "Okay, teacher."

Amira said: "What does the word 'freedom' mean?"

Teacher Emad answered: "It means to fight inherited customs and backward traditions that time has passed by, and everything that does not suit these times and does not align with civilization and technology."

Amira said: "What is the meaning of 'the customs and traditions that time has passed by,' teacher?"

Teacher Emad answered: "Like beating wives and children and marrying off minors at the age of fourteen—so the girl gets married, becomes pregnant, then gives birth to a child before she has even reached sixteen years of age. Do you understand what I mean now, Amira? Or not?"

Hussein asked: "What is the meaning of the phrase 'safety of the homeland'?"

تَفاجَأَ المُعَلِّمُ عِمادٌ وَأَجابَ عَلى سُؤالِ حُسَيْنٍ وَقالَ لَهُ: "إِنَّ أَمانَ الوَطَنِ يا حُسَيْنُ مَعْناهُ ذَلِكَ الجُنْدِيُّ الَّذي يَقِفُ في هَذا البَرْدِ وَالَّذي يُدَخِّنُ سيجارَةً حَمْراءَ طَويلَةً أَوْ سيجارَةً مَلْفوفَةً وَلا يَمْلِكُ بِجَيْبِهِ 50 لَيْرَةً، وَيُفَكِّرُ في عائِلَتِهِ في القارِبِ، فَهُوَ لَمْ يَراهم مُنْذُ سِتَّةِ أَشْهُرٍ وَلا خَطيبَتُهُ زَهْرَةُ، وَعَلى الرَّغْمِ مِنْ كُلِّ هَذا، لا يَزالُ يَقِفُ حارِسًا حَتّى نَتَمَكَّنَ أَنا وَأَنْتَ مِنَ النَّوْمِ بِأَمانٍ وَالِاسْتيقاظِ في اليَوْمِ التّالي. أَمْنُ الوَطَنِ يا حُسَيْنُ هُوَ عِنْدَما تَسْتَطيعُ أَنْتَ وَعائِلَتُكَ التَّنَزُّهُ في الغوطَةِ في أَيّامِ الجُمُعَةِ وَتَأْكُلونَ وَتَتَمَتَّعونَ وَتُغَنّونَ بَيْنَما تَرْقُصُ الفَتَياتُ وَوالِدُكَ يَشْوي الطَّعامَ وَأُمُّكَ تَصْنَعُ التَّبولَةَ، وَأَنْتَ تَلْعَبُ كُرَةَ القَدَمِ مَعَ أَخيكَ، وَتَعودُ إِلى المَنْزِلِ في السّاعَةِ 10 مَساءً، دونَ أَنْ يَسْأَلَكَ أَحَدٌ عَنْ مَكانِكَ، أَوْ مَكانَ إِقامَتِكَ، أَوْ ما كُنْتَ تَفْعَلُهُ هُناكَ!"

سَأَلَ فِراسٌ: "ما مَعْنى جُمْلَةَ 'آلامُ الغُرْبَةِ'؟"

أَجابَ المُعَلِّمُ عِمادٌ: "مَعْناها أَنَّ عَمَّكَ في الخارِجِ يَتَأَلَّمُ كُلَّ يَوْمٍ لِأَنَّهُ حَنَّ إِلى الوَطَنِ وَيُريدُ العَوْدَةَ لِأَنَّهُ يُريدُ أَنْ يَرى أَهْلَهُ وَيَجْلِسَ مَعَهُمْ وَيَضْحَكَ مَعَهُمْ كُلَّ مَساءٍ في أَحَدِ مَنازِلِهِمْ."

[11:49]

Teacher Emad was surprised and answered Hussein's question and said to him: "The safety of the homeland, Hussein, means that soldier who stands in this cold, who smokes a long red cigarette or a rolled one, and doesn't have 50 lira in his pocket, and thinks about his family on the coast—he hasn't seen them in six months, nor his fiancée Zahra. And despite all that, he still stands guard so that I and you can sleep safely and wake up the next day. The safety of the homeland, Hussein, is when you and your family can go on a picnic in Ghouta on Fridays, and you eat and enjoy and sing while the girls dance, and your father grills food and your mother makes tabbouleh, and you play football with your brother, and you come back home at 10 p.m. without anyone asking you about your whereabouts, or where you live, or what you were doing there!"

Firas asked: "What is the meaning of the phrase 'pains of living abroad [lit. exile]'?"

Teacher Emad answered: "It means that your uncle abroad suffers every day because he longs for the homeland and wants to return because he wants to see his family and sit with them and laugh with them every evening in one of their homes."

قالَتْ سَلْوى: "ما مَعْنى 'التَّطَوُّرِ'؟"

أَجابَ المُعَلِّمُ عِمادٌ: "مِثْلُ ما هُوَ عَلَيْهِ الحالُ في سِويسْرا. خَطُّ الإِنْتَرْنِتِّ يَكونُ سَريعًا لا يَنْقَطِعُ وَرَخيصُ الثَّمَنِ، وَأَنْ تَجِدَ القَوانينَ الَّتي تُحافِظُ عَلى حُقوقِكَ وَكَرامَتِكَ، فَلا أَحَدَ يَتَصَرَّفُ مِنْ تِلْقاءِ نَفْسِهِ فَالجَميعُ يَحْتَرِمُ القانونَ وَجَميعُ الشَّوارِعِ نَظيفَةٌ وَمُضاءَةٌ طَوالَ الوَقْتِ."

قالَتْ لَيْلى: "ما مَعْنى 'اِنْتِهاءُ الأَسْبابِ الَّتي دَفَعَتْهُ إِلى الهِجْرَةِ'؟"

أَجابَ المُعَلِّمُ عِمادٌ: "هَذا يَعْني أَنَّهُ لَمْ يَعُدْ هُناكَ هَمٌّ أَوْ غَمٌّ وَغَصَّةٌ في قَلْبِ أَحَدٍ. مِمّا يَعْني أَنَّ هُناكَ أَمانًا وَاحْتِرامًا لِلْمُواطِنينَ، وَلا يُمْكِنُ لِأَحَدٍ أَنْ يَطْرُدَكَ مِنْ مَنْزِلِكَ دونَ سَبَبٍ أَوْ أَنْ يَتَنَمَّرَ عَلَيْكَ أَنْتَ وَعائِلَتُكَ لِمُجَرَّدِ أَنَّهُ بَلْطَجِيٌّ. وَيَعْني أَيْضًا أَنَّ هُناكَ كَهْرُباءَ وَوَسائِلَ نَقْلٍ رَخيصَةً وَسَهْلَةً، وَانْعِدامَ المَحْسوبِيَّةِ وَالفَسادِ."

وَأَخيرًا كَتَبَ الطُّلّابُ مَواضيعَ تَعْبيرِهِمْ عَلى النَّحْوِ التّالي:

[13:47]

Salwa said: "What is the meaning of 'development'?"

Teacher Emad answered: "Like how it is in Switzerland: the internet line is fast, uninterrupted, and cheap in price; and you find laws that protect your rights and your dignity. No one acts on their own; everyone respects the law, and all the streets are clean and lit at all times."

Layla said: "What is the meaning of 'the end of the reasons that pushed him to emigrate'?"

Teacher Emad answered: "It means that there is no longer any worry or sorrow or lump in anyone's heart—which means that there is safety and respect for the citizens, and no one can evict you from your home without reason or bully you and your family just because he's a thug. And it also means that there is electricity and cheap and easy transportation, and the absence of favoritism and corruption."

And finally, the students wrote their composition topics as follows:

عَمي العَزيزُ جاسِمٌ،

بَعْدَ التَّحِيَّةِ وَالسَّلامِ، نَدْعوكَ لِتَعودَ إِلى وَطَنِكَ، فَالوَطَنُ تَغَيَّرَ كَثيرًا، أَصْبَحَ جَميلًا. في كُلِّ شارِعٍ وَفي كُلِّ رَصيفٍ تَجِدُ الكَثيرَ مِنْ بُذورِ القَنَّبِ مُتَناثِرَةً هُنا وَهُناكَ، وَلِكَيْ تُصَدِّقَ أَكْثَرَ، ذَهَبْنا في رِحْلَةٍ إِلى رَأْسِ البَسيطِ وَرَأَيْنا بُذورَ القَنَّبِ مُبَعْثَرَةً عَلى طولِ الطَّريقِ. لَكِنْ بِكُلِّ صَراحَةٍ ما كانَ يَجِبُ عَلَيْنا الذَّهابُ لِأَنَّنا سَمِعْنا في النَّشْرَةِ الإِخْبارِيَّةِ بِأَنَّ الطَّريقَ سَيَكونُ غَيْرَ جَيِّدٍ بِسَبَبِ تَناثُرِ بُذورِ القَنَّبِ في جَميعِ أَنْحاءِ الطَّريقِ، لَكِنَّنا لَمْ نَسْتَمِعْ إِلى النَّشْرَةِ لِأَنَّنا كُنّا نُشاهِدُ مُسَلْسَلَ بابِ الحارَةِ.

وَخُلاصَةُ الأَمْرِ يا عَمُّ جاسِمٌ، وَصَلْنا إِلى رَأْسِ البَسيطِ بَعْدَ رِحْلَةٍ صَعْبَةٍ بَعْضَ الشَّيْءِ بِسَبَبِ القُنَّبِ، وَرَأَيْنا البَحْرَ وَرَكَضْنا لِلْسِّباحَةِ فيهِ، لَكِنَّنا لَمْ نَسْتَمْتِعْ كَثيرًا مِنْ كَثْرَةِ جَمالِهِ.

عِنْدَما عُدْنا إِلى المَنْزِلِ، لَمْ يَضْرِبْ والِدي أُمّي لِأَنَّهُ بِكُلِّ صَراحَةٍ تَزَوَّجَ امْرَأَةً أُخرى وَأَصْبَحَ يَضْرِبُ زَوْجَتَهُ الجَديدَةَ، لِذَلِكَ لا تَقْلَقْ بِشَأْنِ العاداتِ وَالتَّقاليدِ القَديمَةِ فَنَحْنُ أَخْرَجْناها جَميعَها مِنْ حَياتِنا.

[15:21]

Dear Uncle Jassim,

After greetings and peace, we invite you to return to your homeland, for the homeland has changed a lot—it has become beautiful. In every street and on every sidewalk you find many cannabis seeds scattered here and there. And to make you believe more, we went on a trip to Ras al-Basit and saw cannabis seeds scattered along the entire road. But honestly, we shouldn't have gone because we heard in the news bulletin that the road would not be good because of the scattering of cannabis seeds all over the road. But we didn't listen to the news because we were watching the series Bab al-Hara.

And in conclusion, Uncle Jassim, we arrived at Ras al-Basit after a somewhat difficult trip because of the cannabis, and we saw the sea and ran to swim in it, but we didn't enjoy it much because of how beautiful it was.

When we returned home, my father didn't beat my mother because, honestly, he married another woman and started beating his new wife. So don't worry about old customs and traditions—we've gotten rid of all of them from our lives.

لِذَلِكَ إِذَا خَرَجْتَ إِلَى الشَّوارِعِ سَتَجِدُ سَيَّاراتٍ كَثِيرَةً وَالمارَّةُ يَسِيرونَ عَلَى الأَرْصِفَةِ. وَسَتَرى شَوارِعَ إِسْفَلْتِيةً غَيْرَ مُعَبَّدَةٍ بِسَبَبِ الحَفْرِيّاتِ لِأَغْراضِ التَّحْسِينِ. وَالأَرْصِفَةُ يَتَغَيَّرُ لَوْنُها كُلَّ عامٍ، وَتَتَغَيَّرُ أَشْكالُها كُلَّ شَهْرٍ بِسَبَبِ التَّغْيِيراتِ الحاصِلَةِ، مِمّا يَجْعَلُها تَبْدو كَسويسْرا جَديدَةٍ كُلَّ يَوْمٍ.

كَفاكَ أَلَمًا فِي الِاغْتِرابِ يا عَمِي. نَعْلَمُ أَنَّكَ تَتَأَلَّمُ عِنْدَما تَحْصُلُ عَلَى أَجْرِكَ وَتُعاني عِنْدَما تَرى الشَّوارِعَ النَّظيفَةَ وَأَصْحابَ سَيّاراتِ الأُجْرَةِ الَّذينَ لا يَرْكُضونَ نَحْوَكَ فَتَرْكُضُ بَعيدًا لا تَعْرِفُ ماذا تَفْعَلُ.

نَعْلَمُ أَنَّكَ تَشْعُرُ بِالأَلَمِ عِنْدَما يُخْبِرُكَ البَقّالُ: "صَباحُ الخَيْرِ يا أَخي بِاللُّغَةِ الِانْجِليزِيَّةِ" وَعِنْدَما تَدْفَعُ شَرِكَتُكَ لِلْطَّبيبِ بَدَلًا عَنْكَ، وَعِنْدَما تُساعِدُكَ البَلَدِيَّةُ عَلَى فَتْحِ مَشْروعٍ تِجارِيٍّ، وَعِنْدَما يَمْنَحُكَ البَنْكُ قَرْضًا لِإِنْفاقِهِ عَلَى أَفْكارِكَ العَظيمَةِ.

نَحْنُ نَعْلَمُ يا عَمِّي أَنَّكَ تُعاني مِنَ الِاغْتِرابِ، لِذا تَعالَ يا عَمِّي، لِأَنَّكَ إِذا لَمْ تَأْتِ، سَنَأْخُذُ صِفْرًا فِي التَّعْبيرِ، فَهَلْ تَرْضى بِهَذا يا عَمِّي؟!

[17:05]

So if you go out to the streets, you'll find many cars and pedestrians walking on the sidewalks. And you will see asphalt streets that are unpaved because of the digging works for improvement purposes. And the sidewalks change color every year, and their shapes change every month because of the ongoing changes—making them look like a new Switzerland every day.

Enough pain in living abroad, uncle. We know that you suffer when you receive your salary, and you suffer when you see the clean streets and the taxi drivers who don't run toward you—so you run away not knowing what to do.

We know that you feel pain when the grocer tells you "Good morning, brother" in English, and when your company pays the doctor instead of you, and when the municipality helps you open a business, and when the bank grants you a loan to spend on your great ideas.

We know, uncle, that you are suffering from living abroad. So come, uncle. Because if you don't come, we will get a zero in composition. Would you be okay with that, uncle?!

اِنْتَهَتِ الحِصَّةُ وَانْتَهَى اليَوْمُ الدِّرَاسِيُّ الطَّوِيلُ في السَّاعَةِ 2 بَعْدَ الظُّهْرِ. غَادَرَ المُعَلِّمُ عِمَادٌ عَلَى عَجَلٍ حَتَّى يَتَمَكَّنَ مِنَ الوُصُولِ إِلَى جِهَةٍ حُكُومِيَّةٍ أُخْرَى لِمُصَادَقَةِ شَهَادَتِهِ الجَامِعِيَّةِ بَعْدَ أَنْ تَرْجَمَهَا إِلَى اللُّغَةِ الإِنْجِلِيزِيَّةِ وَدَفَعَ نِصْفَ رَاتِبِهِ الَّذِي تَمَّ إِنْفَاقُهُ بِالفِعْلِ وَأَصْبَحَ مَدْيُونًا لِبَقِيَّةِ الشَّهْرِ.

خَرَجَ يَنْتَظِرُ سَيَّارَةَ أُجْرَةٍ حَتَّى يَتَمَكَّنَ مِنَ الذَّهَابِ إِلَى مِنْطَقَةِ المِزَّةِ، لَرُبَّمَا يَنْتَهِي مِنْ أَوْرَاقِهِ اليَوْمَ وَلَا يَنْتَظِرُ لِسِتَّةِ أَشْهُرٍ أُخْرَى لِيَتَمَكَّنَ مِنْ عَمَلِيَّةِ التَّقْدِيمِ.

اِنْتَظَرَ عِمَادٌ سَيَّارَةَ أُجْرَةٍ لِمُدَّةِ عَشْرِ دَقَائِقَ، لَكِنَّهَا لَمْ تَظْهَرْ وَظَلَّ يَنْتَظِرُ، وَلَيْسَ مَعَهُ مَا يَكْفِي مِنَ المَالِ لِدَفْعِ أُجْرَةِ السَّيَّارَةِ، لِذَلِكَ انْتَظَرَ نِصْفَ سَاعَةٍ حَتَّى ظَهَرَتْ سَيَّارَةُ الأُجْرَةِ، لَكِنْ بِسَبَبِ الِازْدِحَامِ لَمْ يَجِدْ مَقْعَدًا فَارِغًا، وَانْتَظَرَ مَرَّةً أُخْرَى وَقَرَّرَ أَنْ يُصْبِحَ وَقِحًا لِيَصْعَدَ إِلَى سَيَّارَةِ الأُجْرَةِ وَتَحَوَّلَ إِلَى بَطَلِ مُصَارَعَةٍ وَتَمَكَّنَ مِنَ الحُصُولِ عَلَى مَقْعَدٍ وَنَظْرَةُ النَّصْرِ في عَيْنَيْهِ. وَمِنْ شِدَّةِ فَرْحَتِهِ نَسِيَ مَشَاكِلَهُ وَهُمُومَهُ وَشَعَرَ وَكَأَنَّ العَالَمَ بَيْنَ يَدَيْهِ.

[18:48]

The period ended, and the long school day ended at 2:00 in the afternoon. Teacher Emad left in a hurry so he could reach another government office to authenticate his university degree after he had translated it into English and paid half his salary, which had already been spent, and he became in debt for the rest of the month.

He went out to wait for a taxi so he could go to the Mezzeh district, hoping that he might finish his paperwork today and not have to wait another six months to be able to complete the application process.

Emad waited for a taxi for ten minutes, but it didn't show up, and he kept waiting, and he didn't have enough money to pay the taxi fare. So he waited half an hour until a taxi appeared, but because of the crowding, there wasn't an empty seat. He waited again and decided to become rude in order to get into the taxi. He turned into a wrestling champion and managed to get a seat, with a victorious look in his eyes. And from his intense joy, he forgot his problems and worries and felt as if the world were in his hands.

لَكِنَّهُ عادَ إِلى الواقِعِ عِنْدَما وَصَلَ إِلى الجِهَةِ الحُكومِيَّةِ لِيُصَدِّقَ الأَوْراقَ، وَكانَتِ السّاعَةُ حَوالَيْ السّاعَةِ 3:35 مَساءً، قَبْلَ ما يَقْرُبُ مِنْ 30 دَقيقَةً مِنْ إِنْتِهاءِ الدَّوامِ الرَّسْمِيِّ.

عِنْدَما رَأى عِمادُ لِأَوَّلِ مَرَّةٍ طابورَ النّاسِ عِنْدَ النّافِذَةِ، صُدِمَ وَبَدَأَ يَحُكُّ عَيْنَيْهِ لِيُصَدِّقَ ما يَراهُ. كانَ الطّابورُ أَطْوَلَ مِنْ طابورِ الخُبْزِ في المَخْبَزِ، يَأْتي الجَميعُ لِتَصْديقِ أَوْراقِهِمْ حَتّى يَتَمَكَّنوا مِنَ السَّفَرِ إِلى الخارِجِ.

يَقومُ هَؤُلاءِ بِتَصْديقِ أَوْراقِهِمْ، فَالبَعْضُ يُريدُ لَمَّ شَمْلِ عائِلاتِهِ، وَالبَعْضُ الآخَرُ يُريدُ تَجْديدَ جَوازِ سَفَرِهِ، وَآخَرونَ يُريدونَ تَأْجيلَ خِدْمَتِهِمِ العَسْكَرِيَّةِ الوَطَنِيَّةِ، وَجَميعُهُمْ يَنْتَظِرونَ في طابورٍ عِنْدَ نافِذَةٍ واحِدَةٍ، مِنَ السّاعَةِ 8 صَباحًا حَتّى 4 مَساءً. كُلُّهُمْ يَرْكُضونَ نَحْوَ أَحْلامِهِمْ بِالسَّفَرِ وَالعَيْشِ في الخارِجِ، إِلى أوروبّا الحُلْمِ العَظيمِ أَوْ كَنَدا أَوْ أَيِّ مَكانٍ خارِجَ وَطَنِ سورْيا.

بَعْدَ أَنْ رَأى عِمادُ هَذِهِ المَشاهِدَ تَجَمَّدَ في مَكانِهِ لِمُدَّةِ خَمْسِ دَقائِقَ، لا يَعْرِفُ ماذا يَفْعَلُ، أَيَنْتَظِرُ دَوْرَهُ لِأَنَّ

[20:34]

But he returned to reality when he arrived at the government office to authenticate the documents. It was about 3:35 p.m., around 30 minutes before the end of official working hours.

When Emad saw for the first time the queue of people at the window, he was shocked and began rubbing his eyes to believe what he was seeing. The queue was longer than the breadline at the bakery. Everyone was coming to authenticate their documents so that they could travel abroad.

These people were authenticating their documents—some wanted to reunite with their families, others wanted to renew their passports, and others wanted to postpone their mandatory military service. All of them were waiting in a queue at one window from 8 a.m. to 4 p.m. All of them were running toward their dreams of traveling and living abroad—to the great dream of Europe, or Canada, or any place outside the homeland of Syria.

After Emad saw these scenes, he froze in his place for five minutes, not knowing what to do. Should he wait his turn, since

أَيّامَ إِجازاتِهِ السَّنَوِيَّةِ انْتَهَتْ وَلا يُمْكِنُهُ طَلَبُ يَوْمِ إِجازَةٍ بِدونِ راتِبٍ، وَلا يُمْكِنُهُ الهَرَبُ مِنَ الدَّوامِ، لَكِنْ إِذا انْتَظَرَ لَنْ يَتَمَكَّنَ مِنْ تَصْديقِ أَوْراقِهِ، وَلَوْ أَتى في اليَوْمِ التّالي بِنَفْسِ المَوْعِدِ سَيَجِدُ نَفْسَ الطّابورِ هَذا.

شَعَرَ عِمادٌ بِاليَأْسِ، وَتَعَطَّلَ عَقْلُهُ عَنِ التَّفْكيرِ، لا يَعْرِفُ ما عَلَيْهِ فِعْلُهُ. سَحَبَ سيجارَةً مِنْ عُلْبَةِ الدُّخانِ الحَمْراءِ الطَّويلَةِ وَأَشْعَلَها وَنَفَخَها وَكَأَنَّهُ يَحْرِقُ صَدْرَهُ، آمِلًا أَنْ يَجِدَ حَلًّا لِمُشْكِلَتِهِ.

ظَلَّ عِمادٌ يُحَدِّقُ وَيُدَخِّنُ لِمُدَّةِ خَمْسِ دَقائِقَ لِيَجِدَ حَلًّا. لا أَمَلَ أَمامَهُ لِفِعْلِ أَيِّ شَيْءٍ، لِذَلِكَ قَرَّرَ العَوْدَةَ إِلى المَنْزِلِ وَدونَ أَنْ يَشْعُرَ سارَ عَلى قَدَمَيْهِ وَكَأَنَّهُ قامَ بِرِياضَةٍ وَفي نَفْسِ الوَقْتِ لِيَنْسى ما يَحْدُثُ مَعَهُ وَلَرُبَّما يَجِدُ حَلًّا وَأَيْضًا بِهَذِهِ الطَّريقَةِ سَيُوَفِّرُ ثَمَنَ سَيّارَةِ الأُجْرَةِ لِلْيَوْمِ التّالي.

بَعْدَ ساعَةٍ مِنَ المَشْيِ وَتَدْخينِ أَرْبَعِ سَجائِرَ حَمْراءَ طَويلَةٍ وَصَلَ إِلى المَنْزِلِ. لَمْ تَكُنْ زَوْجَتُهُ في المَنْزِلِ وَكانَ جائِعًا، فَقَرَّرَ عِمادٌ الِاتِّصالَ بِزَوْجَتِهِ لِمَعْرِفَةِ مَكانِها. أَمْسَكَ هاتِفَهُ مِنْ جَيْبِهِ لِلِاتِّصالِ بِها، لَكِنَّهُ تَذَكَّرَ أَنَّ رَصيدَهُ نَفِذَ،

his annual vacation days had ended and he couldn't request an unpaid day off, and he couldn't escape from work? But if he waited, he wouldn't be able to get his documents authenticated. And if he came at the same time the next day, he would find the same queue again.

Emad felt despair, and his mind stopped thinking. He didn't know what to do. He pulled a cigarette from the pack of long red cigarettes, lit it, and blew it out as if he were burning his chest—hoping he would find a solution to his problem.

Emad kept staring and smoking for five minutes to try to find a solution. There was no hope in front of him to do anything, so he decided to return home. And without realizing it, he walked on foot as if he were exercising and, at the same time, to forget what was happening to him—and maybe he'd find a solution. Also, this way he would save the price of a taxi for the next day.

After an hour of walking and smoking four long red cigarettes, he arrived home. His wife wasn't at home, and he was hungry. So Emad decided to call his wife to know where she was. He took his phone from his pocket to call her, but he remembered that

فَذَهَبَ إِلَى جَارِهِ البَقَّالِ العَمِّ أَبِي سَمِيرٍ لِيَشْتَرِيَ كَرْتَ شَحْنٍ وَيَشْحَنَ رَصِيدَهُ. وَضَعَ يَدَهُ فِي جَيْبِهِ وَوَجَدَ فَقَطْ 1000 لَيْرَةٍ، لَنْ تَكْفِيهِ لِيَقُومَ بِتَصْدِيقِ أَوْرَاقِهِ وَلَنْ تَكْفِيهِ أُجْرَةَ السَّيَّارَةِ لِلْيَوْمِ التَّالِي، فَكَّرَ قَلِيلًا وَقَرَّرَ أَنْ يَسْأَلَ أَبَا سَمِيرٍ كَعَادَتِهِ إِنْ كَانَ بِإِمْكَانِهِ أَنْ يُسَجِّلَ ثَمَنَ الكَرْتِ دَيْنًا فِي دَفْتَرِ الدُّيُونِ الشَّهْرِيَّةِ الخَاصَّةِ بِحِسَابِهِ فِي البَقَّالَةِ.

أَخَذَ عِمَادٌ الكَرْتَ وَعَادَ إِلَى المَنْزِلِ لِلِاتِّصَالِ بِزَوْجَتِهِ. أَمْسَكَ الهَاتِفَ مِنْ جَيْبِهِ وَفَجْأَةً نَفِذَتْ بَطَّارِيَّةُ الهَاتِفِ لِأَنَّهُ كَانَ مَشْغُولًا طَوَالَ اليَوْمِ بِالأَوْرَاقِ مُنْذُ الصَّبَاحِ وَنَسِيَ شَحْنَهُ، لَمْ تَكُنْ هَذِهِ المُشْكِلَةُ، فَالمُشْكِلَةُ أَنَّهَا كَانَتِ السَّاعَةَ السَّادِسَةَ تَقْرِيبًا، وَفِي هَذَا الوَقْتِ تَنْقَطِعُ الكَهْرُبَاءُ حَتَّى السَّاعَةِ الثَّامِنَةِ بِسَبَبِ التَّقْنِينِ لِمُدَّةِ أَرْبَعِ سَاعَاتٍ، حَيْثُ تَقُومُ الشَّرِكَةُ بِقَطْعِهَا لِمُدَّةِ أَرْبَعِ سَاعَاتٍ ثُمَّ يُعِيدُوهَا لِمُدَّةِ أَرْبَعِ سَاعَاتٍ أُخْرَى وَهَكَذَا.

تَشَتَّتَ انْتِبَاهُهُ مَرَّةً أُخْرَى، وَوَضَعَ يَدَهُ فِي جَيْبِهِ دُونَ وَعْيٍ، وَأَشْعَلَ سِيجَارَةً أُخْرَى.

his balance had run out. So he went to his neighbor, the grocer Uncle Abu Samir, to buy a recharge card and top up his balance. He put his hand in his pocket and found only 1,000 lira—it wouldn't be enough to authenticate his documents or to pay the taxi fare the next day. He thought a little and decided to ask Abu Samir, as usual, if he could record the price of the card as debt in the monthly debt notebook for his account at the grocery store.

Emad took the card and returned home to call his wife. He took the phone from his pocket, and suddenly the phone battery died because he had been busy all day with the documents since the morning and forgot to charge it. That wasn't the real problem. The problem was that it was around six o'clock, and at this time the electricity is cut off until eight o'clock because of the four-hour rationing—where the company cuts it for four hours, then restores it for another four hours, and so on.

His attention was scattered once again, and he unconsciously put his hand in his pocket and lit another cigarette.

اِنْتَهى مِنْ تَدْخينِ السّيجارَةِ، وَلِأَنَّهُ كانَ مُتْعَبًا وَجائِعًا نامَ عَلى الأَريكَةِ مُرْتَدِيًا مَلابِسَ العَمَلِ، وَبَعْدَ مُرورِ نِصْفِ ساعَةٍ كانَتْ زَوْجَتُهُ أَحْلامُ قَدْ أَتَتْ وَرَبَتَتْ عَلى كَتِفِهِ قائِلَةً: "يا عِمادُ اسْتَيْقِظْ ما بِكَ؟ لِماذا تَنامُ هَكَذا؟" كانَتْ زَوْجَتُهُ تَشْتَري الخُبْزَ مِنَ المَخْبَزِ وَتَنْتَظِرُ في طابورِ مَخْبَزِ العَميدِ مُنْذُ الثّالِثَةِ ظُهْرًا، فَهَذا الطّابورُ جُزْءٌ أَساسِيٌّ مِنْ حَياةِ الإِنْسانِ السّورِيِّ. اِسْتَغْرَقَتْ أَحْلامُ حَوالَيْ أَرْبَعَ ساعاتٍ حَتّى تَمَكَّنَتْ مِنَ الحُصولِ عَلى ما يَكْفي مِنَ الخُبْزِ لِمُدَّةِ أُسْبوعٍ لَها وَلِزَوْجِها حَتّى تَتَمَكَّنَ أَيْضًا مِنْ مُواصَلَةِ عَمَلِها بَقيَّةَ الأُسْبوعِ وَعِنْدَ عَوْدَتِها إِلى المَنْزِلِ في السّاعَةِ 3 مَساءً تُعِدُّ الطَّعامَ لِيُصْبِحَ جاهِزًا في تَمامِ السّاعَةِ الرّابِعَةِ وَقْتَ وُصولِ زَوْجِها.

كانَتِ السّاعَةُ حَوالَيْ الثّامِنَةَ عِنْدَما انْتَهَتْ أَحْلامُ مِنْ تَجْهيزِ الطَّعامِ لِتَتَناوَلَ الغَداءَ مَعَ زَوْجِها بَعْدَ يَوْمٍ طَويلٍ. كانَ الغَداءُ عِبارَةً عَنْ بُرْغُلٍ بِالحُمُّصِ (بِالطَّبْعِ، بِدونِ دَجاجٍ، الَّذي كانَتْ تَكْلِفَتُهُ 5000 لَيْرَةٍ، وَهُوَ مَبْلَغٌ لا يُمْكِنُهُما دَفْعُهُ، فَأَصْبَحَ الدَّجاجُ في زَمَنِهِمْ مِنْ مَظاهِرِ الرَّفاهِيَّةِ) إِلى جانِبِ طَبَقٍ مِنَ اللَّبَنِ الزَّبادي.

[25:53]

He finished smoking the cigarette, and because he was tired and hungry, he fell asleep on the couch still wearing his work clothes. After half an hour, his wife Ahlam had come and patted him on the shoulder, saying: "Emad, wake up. What's wrong? Why are you sleeping like this?" His wife had been buying bread from the bakery and waiting in the line at Al-Ameed Bakery since 3 p.m., for this line is an essential part of the life of a Syrian person. Ahlam spent around four hours until she managed to get enough bread for a week for herself and her husband, so she could also continue her work for the rest of the week. Upon returning home at 3 p.m., she would prepare the food so it would be ready by exactly 4 o'clock, the time her husband arrived.

It was around 8 o'clock when Ahlam finished preparing the food to have lunch with her husband after a long day. Lunch consisted of bulgur with chickpeas (of course, without chicken, which cost 5,000 lira—a price they couldn't afford, so chicken in their time had become a sign of luxury), alongside a dish of yogurt.

عادَتِ الكَهْرُباءُ عِنْدَما انْتَهَوْا مِنْ تَناوُلِ الطَّعامِ. نَهَضَتْ أَحْلامُ عَلى الفَوْرِ لِتَضَعَ الغَسيلَ في الغَسّالَةِ وتَكوي مَلابِسَها وَمَلابِسَ زَوْجِها لِيَوْمِ غَدٍ، وَتَقومَ بِتَحْضيرِ ما يَجِبُ عَلَيْها فِعْلُهُ قَبْلَ انْقِطاعِ التَّيّارِ الكَهْرَبائِيِّ مَرَّةً أُخْرى، وَضَعَ عِمادٌ هاتِفَهُ عَلى الشّاحِنِ عَلى الفَوْرِ حَتّى لا تَنْفَدَ بَطّارِيَّتُهُ يَوْمَ غَدٍ وَفَتَحَ التِّلْفازَ لِسَماعِ أَخْبارِ السّاعَةِ 8:30 لِيَرى ما حَدَثَ في البِلادِ اليَوْمَ.

وَكانَ النَّبَأُ الرَّئيسِيُّ هُوَ عَقْدُ مُؤْتَمَرٍ حَوْلَ عَوْدَةِ اللّاجِئينَ مِنْ دُوَلِ الاغْتِرابِ إِلى الوَطَنِ. كانَ عِمادٌ يُحَدِّقُ وَهُوَ يَسْتَمِعُ إِلى ما قالَهُ المَسْؤولونَ عَنْ أَمانِ الوَطَنِ وَتَوافُرِ المَرافِقِ الأَساسِيَّةِ وَالخَدَماتِ وَالكَهْرُباءِ وَكُلَّ شَيْءٍ كَما كانَتِ الأَحْوالُ قَبْلَ الحَرْبِ.

قَرَّرَ عِمادٌ أَنْ يَأْخُذَ إِجازَةَ نِصْفِ يَوْمِ عَمَلِ الغَدَ وَيُرَتِّبَ الأَمْرَ مَعَ المُديرِ حَتّى يَتَمَكَّنَ مِنْ تَصْديقِ الأَوْراقِ وَإِرْسالِها إِلى ابْنِ عَمِّهِ في أَلْمانْيا، لِيُساعِدَهُ بِالحُصولِ عَلى التَّأْشيرَةِ آمِلًا أَنْ تَتَحَسَّنَ حَياتُهُ وَيَجِدَ عَمَلًا يَكْفيهِ وَيَتَمَّكَّنَ مِنْ سَحْبِ زَوْجَتِهِ لِيَسْتَقِرّا بِأَلْمانْيا مِثْلَ مَنْ هاجَرَ مِنْ قَبْلِهِ،

The electricity came back just as they finished eating. Ahlam immediately got up to put the laundry in the washing machine and iron her and her husband's clothes for the next day, and to do whatever else needed to be done before the electricity would be cut again. Emad immediately put his phone on the charger so that its battery wouldn't run out the next day, and he turned on the TV to watch the 8:30 news to see what had happened in the country that day.

The main headline was about holding a conference on the return of refugees from diaspora countries to the homeland. Emad was staring as he listened to what the officials said about the safety of the homeland, the availability of basic facilities, services, electricity, and everything—as it was before the war.

Emad decided to take a half-day leave from work the next day and arrange things with the principal so that he could authenticate the documents and send them to his cousin in Germany to help him get the visa, hoping that his life would improve and that he could find a job that would be enough for him and be able to bring his wife so they could settle in Germany—like those who had emigrated

وَمَنْ يَرَوْنَ فَقَطْ صُوَرَهُمْ وَأَخْبَارَهُمْ وَمُعَامَلَةَ الدُّوَلِ الأَجْنَبِيَّةِ لَهُمْ وَإِعْطَاءِهُمُ الأَمْوَالَ وَتَأْمِينَ حَيَاتِهِمْ، يَزُورُونَ أَماكِنَ مُخْتَلِفَةٍ كُلَّ يَوْمٍ، مُسْتَمْتِعُونَ بِأَفْضَلِ الأَطْعِمَةِ وَالمَشْرُوباتِ، جَمِيعُ أَصْدِقائِهِ وَأَبْناءِ عَمِّهِ أَخَذوا عائِلاتِهِمْ وَاسْتَقَرّوا بِأُوروبّا، كانَ في الماضي مُتَمَسِّكًا بِوَطنِهِ عَلى أَمَلِ أَنْ تَنْتَهِي هَذِهِ الأَزَماتُ وَتَعودُ الأَيّامُ كَما كانَتْ وَيَبْقى بَيْنَ أَهْلِهِ في أَحْضانِ وَطَنِهِ. كُلُّ هَذا كانَ قَبْلَ خَمْسِ سَنَواتٍ وَبَدَلًا مِنْ أَنْ تَتَحَسَّنَ الأَحْوالُ، يَزْدادُ الطّينُ بِلَّةً وَباتَ الطَّعامُ وَالشَّرابُ مِنْ رَفاهِيّاتِ الحَياةِ، لِذَلِكَ قَرَّرَ أَنْ يُحاوِلَ وَيُجَرِّبَ حَظَّهُ وَلَكِنَّ المُشْكِلَةَ الآنَ أَنَّ أَمْرَ الخُروجِ لَمْ يَعُدْ سَهْلًا كَما في السّابِقِ، جَمِيعُ أَصْدِقائِهِ هاجَروا عَنْ طَريقِ تُرْكيا وَمَبْلَغٍ مِنَ المالِ، حَوالَيْ 2000 يورو أَوْ 3000 يورو لِيَصِلَ الشَّخْصُ إِلى أَلْمانيا أَوِ السّوِيدِ. لِذَلِكَ اقْتَرَحَ ابْنُ عَمِّهِ أَنْ يُساعِدَهُ في إِصْدارِ تَأْشيرَةٍ.

سَحَبَ عِمادٌ عُلْبَةَ السَّجائِرِ مِنْ جَيْبِهِ وَبَدَأَ بِالتَّدْخينِ، وَقَرَّرَ أَنْ يُصَحِّحَ مَواضيعَ تَعْبيرِ الطُّلّابِ لِدَرْسِ اليَوْمِ.

before him, and whose photos, news, and how foreign countries treated them and gave them money and secured their lives they would see. They visited different places every day, enjoying the best food and drinks. All his friends and cousins had taken their families and settled in Europe. In the past, he had clung to his homeland in the hope that these crises would end and the days would return as they were and that he would remain among his people in the embrace of his homeland. All that was five years ago, and instead of the situation improving, things had only gotten worse, and food and drink had become luxuries in life. So he decided to try and test his luck—but the problem now was that leaving the country was no longer as easy as before. All his friends had emigrated through Turkey and a sum of money—around 2,000 or 3,000 euros—to reach Germany or Sweden. So his cousin suggested helping him obtain a visa.

Emad pulled the pack of cigarettes from his pocket and began smoking, and decided to grade the students' composition essays for today's lesson.

بَعْدَ عَوْدَةِ عِمادٍ جَلَسَ وَفَتَحَ الدَّفاتِرَ وَرَأى ما كَتَبَهُ كُلُّ طالِبٍ، ضَحِكَ كَثيرًا حَتّى سَمِعَ صَوْتُ ضِحْكَتِهِ جَميعُ أَنْحاءِ الحَيِّ، كانَ يُنْظُرُ إِلى إِجاباتِ الطُّلّابِ وَيَقْرَأُ وَيَضْحَكُ.

الكَهْرَباءُ مِثْلُ عَروسَةِ المَوْلِدِ تَأْتي مَرَّةً واحِدَةً فَقَطْ في السَّنَةِ، أَمّا بِالنِّسْبَةِ لِوَسائِلِ المُواصَلاتِ فَيَجِبُ أَنْ تَكونَ مُصارِعًا أَوْ مُلاكِمًا لِتَتَمَكَّنَ مِنَ اسْتِخْدامِ المُواصَلاتِ اليَوْمِيَّةِ. بِالنِّسْبَةِ لِلْخَدَماتِ في الجِهاتِ الحُكومِيَّةِ، إِذا لَمْ يَكُنْ لَدَيْكَ شَخْصٌ يَعْمَلُ فيها فَلا يَجِبُ أَنْ تَقْتَرِبَ مِنْهُمْ أَبَدًا لِأَنَّكَ لَنْ تَحْصُلَ عَلى ما تُريدُ، وَلَنْ تَتَمَكَّنَ مِنْ حِفْظِ كَرامَتِكَ.

بِالنِّسْبَةِ لِلْرّاتِبِ، لَنْ يَكْفِيَكَ لِأَنْ تَأْكُلَ لِيَوْمَيْنِ عَلى الأَقَلِّ، وَالباقي سَيَكونُ دَيْنًا مِنْ جارِكَ البَقّالِ أَبي سَميرٍ أَوْ أَبي عَلِيٍّ.

عِشْ وَلا تُفَكِّرْ أَبَدًا في الغَدِ. عِشِ اليَوْمَ وَأُتْرُكْ هُمومَ الغَدِ لِلْغَدِ.

وَيَطْلُبونَ مِنْكَ العَوْدَةَ وَيَقولونَ لَكَ بِلادُكَ تَحْتاجُ إِلَيْكَ، لا أَعْرِفُ لِماذا سَيَعودُ العَمُّ جاسِمٌ إِلى الوَطَنِ.

[31:22]

After Emad returned, he sat down, opened the notebooks, and saw what each student had written. He laughed so much that the sound of his laughter was heard throughout the whole neighborhood. He was looking at the students' answers, reading, and laughing.

Electricity is like a "mawlid" bride—it comes only once a year. As for public transportation, you must be a wrestler or a boxer to be able to use daily transportation. As for services in government offices, if you don't know someone working there, you should never approach them, because you won't get what you want and you won't be able to preserve your dignity.

As for the salary, it won't be enough for you to eat for even two days, and the rest will be borrowed from your neighbor the grocer, Abu Samir or Abu Ali.

Live and never think about tomorrow. Live today and leave the worries of tomorrow for tomorrow.

And they ask you to return and tell you: "Your country needs you." I don't know why Uncle Jassim would return to the homeland.

وَلا تَزالُ الْبِلادُ تَخْطو خُطُواتٍ كَثيرَةً إِلى الْوَراءِ، لا إِلى الْأَمامِ أَبَدًا.

فَجْأَةً أَمْسَكَ عِمادٌ بِقَلَمِ التَّصْحيحِ الْأَحْمَرِ وَكَتَبَ عَلى دَفْتَرِ ديبو رِسالَةً إِلى عَمِّهِ جاسِمٍ:

الْعَمُّ الْعَزيزُ جاسِمٌ،

بَعْدَ التَّحِيَّةِ وَالسَّلامِ،

أَتَمَنّى أَنْ تَكونَ الْحَياةُ سَهْلَةً مُيَسَّرَةً لَكَ. أَنْصَحُكَ وَأَقولُ لَكَ لا يُهِمُّ أَيْنَ أَنْتَ، الْمُهِمُّ أَنْ تَكونَ أَنْتَ وَأَطْفالُكَ سُعَداءَ وَمُرْتاحينَ وَآمِنينَ.

الْحَياةُ أَساسُها الرِّضا، لا الْأَرْضُ وَلا الْأَصْدِقاءُ وَلا الْمُمْتَلَكاتُ، سَعادَتُكَ وَقَناعَتُكَ بِما لَدَيْكَ هِيَ أَساسُ الرِّضا وَالنَّجاحِ.

وَنَصيحَةٌ أَخيرَةٌ: الْفَقْرُ في الْوَطَنِ غُرْبَةٌ وَالْغِنى في الْغُرْبَةِ وَطَنٌ.

عِشْ أَيْنَما تُرْزَقُ، وَعِشْ هانِئًا أَنْتَ وَأَوْلادُكَ.

[32:58]

The country is still taking many steps backward, never forward.

Suddenly, Emad grabbed the red correction pen and wrote in Debo's notebook a letter to his uncle Jassim:

Dear Uncle Jassim,

After greetings and peace,

I hope life is easy and comfortable for you. I advise you and say: it doesn't matter where you are—what matters is that you and your children are happy, comfortable, and safe.

Life is based on contentment—not land, not friends, not possessions. Your happiness and your satisfaction with what you have are the foundation of contentment and success.

And one last piece of advice: poverty in one's homeland feels like exile, while wealth abroad can feel like home.

Live wherever you are provided for, and live happily, you and your children.

ARABIC TEXT WITHOUT TASHKEEL

For a more authentic reading challenge, read the story without the aid of diacritics (tashkeel) and the parallel English translation.

العم العزيز جاسم

في يوم من الأيام، كان هناك رجل يدعى عماد وزوجته أحلام، يعيشان ميسورا الحال في منزل ورثه عن والديه في أحد أحياء دمشق. يعمل عماد مدرسا في مدرسة ابتدائية، وزوجته أحلام موظفة في قسم الخدمات الفنية. يستيقظان كل صباح في السادسة صباحا وبعد المواصلات وازدحام سيارات الأجرة، يصل عماد إلى عمله في المدرسة الساعة 7:30 صباحا.

هاجر ابن عم عماد إلى ألمانيا كما فعل العديد من أصدقاء عماد وزوجته، لكن عماد كان عنيدا بالنسبة لرأيه في الهجرة وقال بينه وبين نفسه ذات مرة: "تراب الوطن غال والغربة مذلة وإهانة. أنا أفضل أن أبقى ببلدي ولا أن أذل وأصبح لاجئا بلا مأوى في أوروبا أو أي مكان خارج وطني سوريا". مرت الأيام والسنين، والأوضاع كما هي تتحسن ببطء شديد، حتى ضاق صدر عماد وزوجته من سوء الأحوال ولم يعد قادرا على تلبية احتياجاته وأصبحت حياته كلها مشقة وتعب.

ذات يوم، تحدث عماد إلى ابن عمه الذي يعيش في ألمانيا عبر تطبيق رسائل الفيسبوك واشتكى له من سوء الأوضاع التي يمر بها. وبدلا من مواساته، كان ابن عمه يريه منزله ونظافة الشوارع والهدوء من حوله. ظل عماد يتذمر فقرر ابن عمه مساعدته ووعده بأنه سيحاول مساعدته بالحصول على تأشيرة ليسافر إلى ألمانيا وطلب منه تصديق وثائقه وشهادته الجامعية وجواز سفره وإرسالهم إليه. وبدأ عماد بتنظيم أوراقه وتبقى عليه فقط ترجمتها من الجهات المختصة.

لذلك عندما وصل إلى المدرسة، بدأ يومه وهو يتودد إلى مديره -الأستاذ رفعت-. وهو معلم قديم، مما يعني أنه شخص لا يزعزع صموده أي شيء مهما كان.

كان في نية عماد أن يعمل فقط نصف اليوم ليتمكن من تصديق أوراقه. لكن بعد أن رفض المدير طلبه بحجة التفتيش والطلاب والوزارة ونقص عدد المعلمين، لم يكن لدى عماد أي خيار سوى مواصلة يومه الكامل مثل أي يوم عادي محاولا المغادرة في آخر حصة له لعله يلحق بمكتب الجهات المختصة لينهى معاملته.

بدأ بإعطاء دروسه في الصفين الثالث والرابع بما في ذلك حصص الإملاء والقواعد والإعراب وما إلى ذلك.

وكانت الحصة الثالثة في الصف الخامس درسا في التعبير وإنشاء المواضيع وفق الخطة الدراسية التي وضعتها الوزارة. فتح الكتاب الوزاري ليرى الموضوع الذي يجب أن يقوم بتدريسه بهذا اليوم حسب الخطة، وكان موضوع التعبير عن الوطن والحنين له وضرورة عودة المواطنين السوريين إلى أوطانهم، وحاجة البلاد للكفاءات الوطنية، التي تركت الوطن وذهبت إلى خارج البلاد مع أول فرصة سنحت لهم إلى خارج دول العالم كالأطباء والمهندسين ورجال الأعمال وأصحاب المصانع والحرفيين المهرة.

لا أشكك بشأن هذه الخطة التعليمية التي وضعتها الوزارة، ولكن ماذا ستفعل الدولة لمن هاجروا البلاد منذ خمس سنوات، واستقروا وبدأوا ينجحون ويرون نتائج عملهم الجاد، وكيف ستجبرهم الدولة على العودة وما زال الناس هنا يعانون من نقص الوظائف وقلة الكهرباء وسوء المواصلات، وزيادة أعداد طوابير الخبز والغاز والوقود؟

لكن من غير المعقول أن يجادل خطة الوزارة! عقله مشغول بمحاولة إيجاد طريقة ما لتصديق أوراقه الرسمية، ليتمكن من الحصول على التأشيرة والسفر على متن أول طائرة متجهة إلى ألمانيا، والبدء في تحقيق حلمه بالعمل في مصنع سيارات مرسيدس التي لم يركبها قط ولا يعرف كيف يقودها.

ذهب عماد إلى الصف الخامس الابتدائي. وهذا الصف الوحيد الذي لا يحبه لأن طلابه لديهم مشاكل في الاستيعاب والفهم حسب رأيه الخاص، لا سيما طالب يدعى ديبو ورفاقه لكن ذلك الأمر لا خيار فيه. طلب من التلاميذ أن يكتبوا موضوع تعبير وكان النص على النحو التالي:

"لك عم هاجر إلى أوروبا منذ بداية الأحداث التي حدثت في سوريا، اكتب له رسالة تشجعه فيها وتحثه على العودة إلى الوطن ليتحرر من آلام ومعاناة الغربة، موضحا له أن البلاد أصبحت آمنة، وأن البنية التحتية تحسنت كثيرا، وعن توافر فرص العمل والمستقبل المشرق، وإبلاغه بالتطورات والأمان الذي تعيشه البلاد الآن بعد هجرته، وانتهاء الأسباب التي دفعته للهجرة إلى المهجر."

نظر الطلاب إلى السيد عماد باستغراب. البعض منهم فهم والبعض الآخر لم يصدق ما يطلبه منه أستاذهم. لم يستغرق الأمر وقتا طويلا، وبدأوا بالكتابة، لكن صوت الطالب ديبو الفضولي أوقف الجميع عن كتابة الموضوع.

سأل ديبو: "يا أستاذ، ما معنى أن أحثه؟"

أجاب السيد عماد: "أحثه تعني أن تخبره بأن كل شيء على ما يرام، وأن الكهرباء تعمل 24 ساعة في اليوم، وأن الإنترنت رخيص التكلفة، وأن المواصلات جيدة ولا يوجد ازدحام وأن الخبز متوفر ولا توجد قوائم انتظار أو معارك في الطوابير. هل تفهم الآن أيها الغبي؟ حتى يشعر بالحماس ويعودا!"

قال ديبو: "أتقصد أن ألون الكلام وأصور له الحياة بلونها الوردي وأن أنثر له الورود بكل مكان ليعود، أهذا ما تقصده يا معلمي؟"

أجاب المعلم عماد قائلا: "اصمت واكتب الآن. من أين تعلمت هذا الكلام؟"

فرد ديبو قائلا: "من المسلسلات التي أشاهدها أنا وأمي وابنة خالتها على التلفاز كل يوم وهما يتحدثان عن جارتنا سوسن وزوجها أبو العبد."

أجاب المعلم عماد: "توقف عن مشاهدة المسلسلات التركية والسورية، وشاهد قناة سبيس تون للأطفال أيها السمين."

قال ديبو: "لا أستطيع، أحب المسلسلات السورية والعقيد أبو شهاب وأبو جانتي، خاصة عندما أجلس بجانب أمي وهي تتسلى بالمكسرات وتشرب المشروب الغازي."

أجاب المعلم عماد: "شاهد المسلسلات التاريخية إذا، وتوقف عن الجلوس بجانب والدتك كثيرا، والأفضل لك أن تركز على دراستك."

قال ديبو: "حسنا يا معلمي."

قالت أميرة: "ما معنى كلمة 'تحرر'؟"

أجاب المعلم عماد: "تعني أن نحارب العادات المتوارثة والتقاليد المتخلفة التي عفا عليها الزمن وكل ما لا يناسب هذه الأيام وما لا يتوافق مع الحضارة والتكنولوجيا."

قالت أميرة: "ما معنى 'العادات والتقاليد التي عفا عليها الزمن'، يا معلمي؟"

أجاب المعلم عماد: "مثل ضرب الزوجات والأطفال وزواج القاصرات في سن الرابعة عشرة فتتزوج الطفلة وتحمل ثم تنجب طفلا ولا تكون بلغت السادسة عشرة من عمرها. هل تفهمين ما أقصده الآن يا أميرة؟ أم لا؟"

وسأل حسين: "ما معنى جملة 'أمان الوطن'؟"

تفاجأ المعلم عماد وأجاب على سؤال حسين وقال له: "إن أمان الوطن يا حسين معناه ذلك الجندي الذي يقف في هذا البرد والذي يدخن سيجارة حمراء طويلة أو سيجارة ملفوفة ولا يملك بجيبه 50 ليرة، ويفكر في عائلته في القارب، فهو لم يراهم منذ ستة أشهر ولا خطيبته زهرة، وعلى الرغم من كل هذا، لا يزال يقف حارسا حتى نتمكن أنا وأنت من النوم بأمان والاستيقاظ في اليوم التالي. أمن الوطن يا حسين هو عندما تستطيع أنت وعائلتك التنزه في الغوطة في أيام الجمعة وتأكلون وتتمتعون وتغنون بينما ترقص الفتيات ووالدك يشوي الطعام وأمك تصنع التبولة، وأنت تلعب كرة القدم مع أخيك، وتعود إلى المنزل في الساعة 10 مساء، دون أن يسألك أحد عن مكانك، أو مكان إقامتك، أو ما كنت تفعله هناك!"

سأل فراس: "ما معنى جملة 'آلام الغربة'؟"

أجاب المعلم عماد: "معناها أن عمك في الخارج يتألم كل يوم لأنه حن إلى الوطن ويريد العودة لأنه يريد أن يرى أهله ويجلس معهم ويضحك معهم كل مساء في أحد منازلهم."

قالت سلوى: "ما معنى 'التطور'؟"

أجاب المعلم عماد: "مثل ما هو عليه الحال في سويسرا. خط الإنترنت يكون سريعا لا ينقطع ورخيص الثمن، وأن تجد القوانين التي تحافظ على حقوقك

وكرامتك، فلا أحد يتصرف من تلقاء نفسه فالجميع يحترم القانون وجميع الشوارع نظيفة ومضاءة طوال الوقت."

قالت ليلى: "ما معنى 'انتهاء الأسباب التي دفعته إلى الهجرة'؟"

أجاب المعلم عماد: "هذا يعني أنه لم يعد هناك هم أو غم وغصة في قلب أحد. مما يعني أن هناك أمانا واحتراما للمواطنين، ولا يمكن لأحد أن يطردك من منزلك دون سبب أو أن يتنمر عليك أنت وعائلتك لمجرد أنه بلطجي. ويعني أيضا أن هناك كهرباء ووسائل نقل رخيصة وسهلة، وانعدام المحسوبية والفساد."

وأخيرا كتب الطلاب مواضيع تعبيرهم على النحو التالي:

عمي العزيز جاسم،

بعد التحية والسلام، ندعوك لتعود إلى وطنك، فالوطن تغير كثيرا، أصبح جميلا. في كل شارع وفي كل رصيف تجد الكثير من بذور القنب متناثرة هنا وهناك، ولكي تصدق أكثر، ذهبنا في رحلة إلى رأس البسيط ورأينا بذور القنب مبعثرة على طول الطريق. لكن بكل صراحة ما كان يجب علينا الذهاب لأننا سمعنا في النشرة الاخبارية بأن الطريق سيكون غير جيد بسبب تناثر بذور القنب في جميع أنحاء الطريق، لكننا لم نستمع إلى النشرة لأننا كنا نشاهد مسلسل باب الحارة.

وخلاصة الأمر يا عم جاسم، وصلنا إلى رأس البسيط بعد رحلة صعبة بعض الشيء بسبب القنب، ورأينا البحر وركضنا للسباحة فيه، لكننا لم نستمتع كثيرا من كثرة جماله.

عندما عدنا إلى المنزل، لم يضرب والدي أمي لأنه بكل صراحة تزوج امرأة أخرى وأصبح يضرب زوجته الجديدة، لذلك لا تقلق بشأن العادات والتقاليد القديمة فنحن أخرجناها جميعها من حياتنا.

لذلك إذا خرجت إلى الشوارع ستجد سيارات كثيرة والمارة يسيرون على الأرصفة. وسترى شوارع إسفلتية غير معبدة بسبب الحفريات لأغراض التحسين. والأرصفة يتغير لونها كل عام، وتتغير أشكالها كل شهر بسبب التغييرات الحاصلة، مما يجعلها تبدو كسويسرا جديدة كل يوم.

كفاك ألما في الاغتراب يا عمي. نعلم أنك تتألم عندما تحصل على أجرك وتعاني عندما ترى الشوارع النظيفة وأصحاب سيارات الأجرة الذين لا يركضون نحوك فتركض بعيدا لا تعرف ماذا تفعل.

نعلم أنك تشعر بالألم عندما يخبرك البقال: "صباح الخير يا أخي باللغة الانجليزية" وعندما تدفع شركتك للطبيب بدلا عنك، وعندما تساعدك البلدية على فتح مشروع تجاري، وعندما يمنحك البنك قرضا لإنفاقه على أفكارك العظيمة.

نحن نعلم يا عمي أنك تعاني من الاغتراب، لذا تعال يا عمي، لأنك إذا لم تأت، سنأخذ صفرا في التعبير، فهل ترضى بهذا يا عمي؟!

انتهت الحصة وانتهى اليوم الدراسي الطويل في الساعة 2 بعد الظهر. غادر المعلم عماد على عجل حتى يتمكن من الوصول إلى جهة حكومية أخرى لمصادقة شهادته الجامعية بعد أن ترجمها إلى اللغة الإنجليزية ودفع نصف راتبه الذي تم إنفاقه بالفعل وأصبح مديونا لبقية الشهر.

خرج ينتظر سيارة أجرة حتى يتمكن من الذهاب إلى منطقة المزة، لربما ينتهي من أوراقه اليوم ولا ينتظر لستة أشهر أخرى ليتمكن من عملية التقديم.

انتظر عماد سيارة أجرة لمدة عشر دقائق، لكنها لم تظهر وظل ينتظر، وليس معه ما يكفي من المال لدفع أجرة السيارة، لذلك انتظر نصف ساعة حتى ظهرت سيارة الأجرة، لكن بسبب الازدحام لم يجد مقعدا فارغا، وانتظر مرة أخرى وقرر أن يصبح وقحا ليصعد إلى سيارة الأجرة وتحول إلى بطل مصارعة وتمكن من الحصول على مقعد ونظرة النصر في عينيه. ومن شدة فرحته نسي مشاكله وهمومه وشعر وكأن العالم بين يديه.

لكنه عاد إلى الواقع عندما وصل إلى الجهة الحكومية ليصدق الأوراق، وكانت الساعة حوالي الساعة 3:35 مساء، قبل ما يقرب من 30 دقيقة من إنتهاء الدوام الرسمي.

عندما رأى عماد لأول مرة طابور الناس عند النافذة، صدم وبدأ يحك عينيه ليصدق ما يراه. كان الطابور أطول من طابور الخبز في المخبز، يأتي الجميع لتصديق أوراقهم حتى يتمكنوا من السفر إلى الخارج.

يقوم هؤلاء بتصديق أوراقهم، فالبعض يريد لم شمل عائلاته، والبعض الآخر يريد تجديد جواز سفره، وآخرون يريدون تأجيل خدمتهم العسكرية الوطنية، وجميعهم ينتظرون في طابور عند نافذة واحدة، من الساعة 8 صباحا حتى 4 مساء. كلهم يركضون نحو أحلامهم بالسفر والعيش في الخارج، إلى أوروبا الحلم العظيم أو كندا أو أي مكان خارج وطن سوريا.

بعد أن رأى عماد هذه المشاهد تجمد في مكانه لمدة خمس دقائق، لا يعرف ماذا يفعل، أينتظر دوره لأن أيام إجازاته السنوية انتهت ولا يمكنه طلب يوم إجازة بدون راتب، ولا يمكنه الهرب من الدوام، لكن إذا انتظر لن يتمكن من تصديق أوراقه، ولو أتى في اليوم التالي بنفس الموعد سيجد نفس الطابور هذا.

شعر عماد باليأس، وتعطل عقله عن التفكير، لا يعرف ما عليه فعله. سحب سيجارة من علبة الدخان الحمراء الطويلة وأشعلها ونفخها وكأنه يحرق صدره، آملا أن يجد حلا لمشكلته.

ظل عماد يحدق ويدخن لمدة خمس دقائق ليجد حلا. لا أمل أمامه لفعل أي شيء، لذلك قرر العودة إلى المنزل ودون أن يشعر سار على قدميه وكأنه قام برياضة وفي نفس الوقت لينسى ما يحدث معه ولربما يجد حلا وأيضا بهذه الطريقة سيوفر ثمن سيارة الأجرة لليوم التالي.

بعد ساعة من المشي وتدخين أربع سجائر حمراء طويلة وصل إلى المنزل. لم تكن زوجته في المنزل وكان جائعا، فقرر عماد الاتصال بزوجته لمعرفة مكانها. أمسك هاتفه من جيبه للاتصال بها، لكنه تذكر أن رصيده نفذ، فذهب إلى جاره البقال العم أبي سمير ليشتري كرت شحن ويشحن رصيده. وضع يده في جيبه ووجد فقط 1000 ليرة، لن تكفيه ليقوم بتصديق أوراقه ولن تكفيه أجرة السيارة لليوم التالي، فكر قليلا وقرر أن يسأل أبا سمير كعادته إن كان بإمكانه أن يسجل ثمن الكرت دينا في دفتر الديون الشهرية الخاصة بحسابه في البقالة.

أخذ عماد الكرت وعاد إلى المنزل للاتصال بزوجته. أمسك الهاتف من جيبه وفجأة نفذت بطارية الهاتف لأنه كان مشغولا طوال اليوم بالأوراق منذ الصباح ونسي شحنه، لم تكن هذه المشكلة، فالمشكلة أنها كانت الساعة السادسة تقريبا، وفي هذا الوقت تنقطع الكهرباء حتى الساعة الثامنة بسبب

التقنين لمدة أربع ساعات، حيث تقوم الشركة بقطعها لمدة أربع ساعات ثم يعيدوها لمدة أربع ساعات أخرى وهكذا.

تشتت انتباهه مرة أخرى، ووضع يده في جيبه دون وعي، وأشعل سيجارة أخرى.

انتهى من تدخين السيجارة، ولأنه كان متعبا وجائعا نام على الأريكة مرتديا ملابس العمل، وبعد مرور نصف ساعة كانت زوجته أحلام قد أتت وربتت على كتفه قائلة: "يا عماد استيقظ ما بك؟ لماذا تنام هكذا؟" كانت زوجته تشتري الخبز من المخبز وتنتظر في طابور مخبز العميد منذ الثالثة ظهرا، فهذا الطابور جزء أساسي من حياة الإنسان السوري. استغرقت أحلام حوالي أربع ساعات حتى تمكنت من الحصول على ما يكفي من الخبز لمدة أسبوع لها ولزوجها حتى تتمكن أيضا من مواصلة عملها بقية الأسبوع وعند عودتها إلى المنزل في الساعة 3 مساء تعد الطعام ليصبح جاهزا في تمام الساعة الرابعة وقت وصول زوجها.

كانت الساعة حوالي الثامنة عندما انتهت أحلام من تجهيز الطعام لتتناول الغداء مع زوجها بعد يوم طويل. كان الغداء عبارة عن برغل بالحمص (بالطبع، بدون دجاج، الذي كانت تكلفته 5000 ليرة، وهو مبلغ لا يمكنهما دفعه، فأصبح الدجاج في زمنهم من مظاهر الرفاهية) إلى جانب طبق من اللبن الزبادي.

عادت الكهرباء عندما انتهوا من تناول الطعام. نهضت أحلام على الفور لتضع الغسيل في الغسالة وتكوي ملابسها وملابس زوجها ليوم غد، وتقوم بتحضير ما يجب عليها فعله قبل انقطاع التيار الكهربائي مرة أخرى، وضع عماد هاتفه على الشاحن على الفور حتى لا تنفد بطاريته يوم غد وفتح التلفاز لسماع أخبار الساعة 8:30 ليرى ما حدث في البلاد اليوم.

وكان النبأ الرئيسي هو عقد مؤتمر حول عودة اللاجئين من دول الاغتراب إلى الوطن. كان عماد يحدق وهو يستمع إلى ما قاله المسؤولون عن أمان الوطن وتوافر المرافق الأساسية والخدمات والكهرباء وكل شيء كما كانت الأحوال قبل الحرب.

قرر عماد أن يأخذ إجازة نصف يوم عمل الغد ويرتب الأمر مع المدير حتى يتمكن من تصديق الأوراق وإرسالها إلى ابن عمه في ألمانيا، ليساعده

بالحصول على التأشيرة آملا أن تتحسن حياته ويجد عملا يكفيه ويتمكن من سحب زوجته ليستقرا بألمانيا مثل من هاجر من قبله، ومن يرون فقط صورهم وأخبارهم ومعاملة الدول الأجنبية لهم وإعطاءهم الأموال وتأمين حياتهم، يزورون أماكن مختلفة كل يوم، مستمتعون بأفضل الأطعمة والمشروبات، جميع أصدقائه وأبناء عمه أخذوا عائلاتهم واستقروا بأوروبا، كان في الماضي متمسكا بوطنه على أمل أن تنتهي هذه الأزمات وتعود الأيام كما كانت ويبقى بين أهله في أحضان وطنه. كل هذا كان قبل خمس سنوات وبدلا من أن تتحسن الأحوال، يزداد الطين بلة وبات الطعام والشراب من رفاهيات الحياة، لذلك قرر أن يحاول ويجرب حظه ولكن المشكلة الآن أن أمر الخروج لم يعد سهلا كما في السابق، جميع أصدقائه هاجروا عن طريق تركيا ومبلغ من المال، حوالي 2000 يورو أو 3000 يورو ليصل الشخص إلى ألمانيا أو السويد. لذلك اقترح ابن عمه أن يساعده في إصدار تأشيرة.

سحب عماد علبة السجائر من جيبه وبدأ بالتدخين، وقرر أن يصحح مواضيع تعبير الطلاب لدرس اليوم.

بعد عودة عماد جلس وفتح الدفاتر ورأى ما كتبه كل طالب، ضحك كثيرا حتى سمع صوت ضحكته جميع أنحاء الحي، كان ينظر إلى إجابات الطلاب ويقرأ ويضحك.

الكهرباء مثل عروسة المولد تأتي مرة واحدة فقط في السنة، أما بالنسبة لوسائل المواصلات فيجب أن تكون مصارعا أو ملاكما لتتمكن من استخدام المواصلات اليومية. بالنسبة للخدمات في الجهات الحكومية، إذا لم يكن لديك شخص يعمل فيها فلا يجب أن تقترب منهم أبدا لأنك لن تحصل على ما تريد، ولن تتمكن من حفظ كرامتك.

بالنسبة للراتب، لن يكفيك لأن تأكل ليومين على الأقل، والباقي سيكون دينا من جارك البقال أبي سمير أو أبي علي.

عش ولا تفكر أبدا في الغد. عش اليوم واترك هموم الغد للغد.

ويطلبون منك العودة ويقولون لك بلادك تحتاج إليك، لا أعرف لماذا سيعود العم جاسم إلى الوطن.

ولا تزال البلاد تخطو خطوات كثيرة إلى الوراء، لا إلى الأمام أبدا.

فجأة أمسك عماد بقلم التصحيح الأحمر وكتب على دفتر ديبو رسالة إلى عمه جاسم:

العم العزيز جاسم،

بعد التحية والسلام،

أتمنى أن تكون الحياة سهلة ميسرة لك. أنصحك وأقول لك لا يهم أين أنت، المهم أن تكون أنت وأطفالك سعداء ومرتاحين وآمنين.

الحياة أساسها الرضا، لا الأرض ولا الأصدقاء ولا الممتلكات، سعادتك وقناعتك بما لديك هي أساس الرضا والنجاح.

ونصيحة أخيرة: الفقر في الوطن غربة والغنى في الغربة وطن.

عش أينما ترزق، وعش هانئا أنت وأولادك.

COMPREHENSION QUESTIONS

1. ما هِيَ مِهْنَةُ عِمادٍ وَزَوْجَتِهِ أَحْلامَ؟
2. كَيْفَ كانَ وَضْعُ الكَهْرُباءِ في المَدينَةِ؟
3. ما هُوَ مَوْضوعُ دَرْسِ التَّعْبيرِ؟
4. كَيْفَ كانَتْ رَدَّةُ فِعْلِ الطُّلّابِ عَلى المَوْضوعِ؟
5. ماذا طَلَبَ ديبو مِنَ المُعَلِّمِ عِمادٍ؟
6. كَيْفَ شَرَحَ المُعَلِّمُ عِمادٌ مَعْنى "أَحُثُّهُ"؟
7. لِماذا لَمْ يَسْتَطِعْ عِمادٌ تَصْديقَ أَوْراقِهِ؟
8. ما الَّذي كانَ يُريدُ عِمادٌ أَنْ يَفْعَلَهُ بِأَوْراقِهِ؟
9. كَيْفَ كانَ وَضْعُ المُواصَلاتِ في المَدينَةِ؟
10. ماذا كانَتْ زَوْجَةُ عِمادٍ تَفْعَلُ عِنْدَما عادَ إِلى المَنْزِلِ؟
11. كَمْ كانَ سِعْرُ الدَّجاجِ في القِصَّةِ؟
12. ما هُوَ الخَبَرُ الرَّئيسِيُّ في التِّلْفازِ؟
13. لِماذا كانَ عِمادٌ يَضْحَكُ وَهُوَ يُصَحِّحُ دَفاتِرَ الطُّلّابِ؟
14. ماذا كَتَبَ عِمادٌ بِقَلَمِ التَّصْحيحِ الأَحْمَرِ؟
15. كَيْفَ كانَ وَضْعُ الخَدَماتِ الحُكوميَّةِ؟
16. ماذا كانَ يُريدُ ابْنُ عَمِّ عِمادٍ أَنْ يَفْعَلَ لَهُ؟
17. ما هِيَ العِبارَةُ الأَخيرَةُ الَّتي كَتَبَها عِمادٌ؟
18. لِماذا كانَتْ أَحْلامُ واقِفَةً في طابورِ الخُبْزِ؟
19. ما كانَ مَوْقِفُ عِمادٍ مِنَ الهِجْرَةِ قَبْلَ خَمْسِ سَنَواتٍ؟
20. كَمْ كانَتْ تَكْلِفَةُ الهِجْرَةِ عَنْ طَريقِ تُرْكِيا؟

1. What were Emad and his wife Ahlam's jobs?
2. What was the electricity situation in the city?
3. What was the topic of the writing assignment?
4. How did the students react to the writing assignment?
5. What did Debo ask Teacher Emad?
6. How did Teacher Emad explain the meaning of "urge him"?
7. Why couldn't Emad authenticate his papers?
8. What did Emad want to do with his papers?
9. What was the transportation situation in the city?
10. What was Emad's wife doing when he returned home?
11. How much did chicken cost in the story?
12. What was the main news on TV?
13. Why was Emad laughing while grading the students' notebooks?
14. What did Emad write with the red correction pen?
15. What was the situation with government services?
16. What did Emad's cousin want to do for him?
17. What was the final phrase that Emad wrote?
18. Why was Ahlam standing in the bread line?
19. What was Emad's position on emigration five years ago?
20. How much did emigration via Turkey cost?

Answers to the Comprehension Questions

1. كانَ عِمادٌ مُدَرِّسًا في مَدْرَسَةٍ ابْتِدائِيَّةٍ وَزَوْجَتُهُ موَظَّفَةً في قِسْمِ الخَدَماتِ الفَنِّيَّةِ.
2. كانَتِ الكَهْرُباءُ تَنْقَطِعُ أَرْبَعَ ساعاتٍ وَتَعْمَلُ أَرْبَعَ ساعاتٍ.
3. رِسالَةٌ لِعَمٍّ مُهاجِرٍ لِيَعودَ إِلى الوَطَنِ.
4. نَظَرَ الطُّلّابُ إِلى المُعَلِّمِ بِاسْتِغْرابٍ وَلَمْ يُصَدِّقوا ما طَلَبَهُ مِنْهُمْ.
5. سَأَلَهُ عَنْ مَعْنى كَلِمَةِ "أَحُثُّهُ".
6. شَرَحَ لَهُ أَنْ يَقولَ إِنَّ كُلَّ شَيْءٍ عَلى ما يُرامُ وَالكَهْرُباءُ ٢٤ ساعَةً وَالإِنْتَرْنِتُّ رَخيصٌ.
7. لِأَنَّهُ كانَ هُناكَ طابورٌ طَويلٌ وَلَمْ يَكُنْ لَدَيْهِ وَقْتٌ كافٍ.
8. أَرادَ تَصْديقَها وَإِرْسالَها إِلى ابْنِ عَمِّهِ في أَلْمانْيا.
9. يَجِبُ أَنْ يَكونَ الشَّخْصُ مُصارِعًا حَتّى يَتَمَكَّنَ مِنْ رُكوبِ المواصَلاتِ.
10. كانَتْ تَضَعُ الغَسيلَ وَتَكوي المَلابِسَ.
11. كانَ سِعْرُهُ خَمْسَةَ آلافِ لَيْرَةٍ.
12. كانَ عَنْ مُؤْتَمَرِ عَوْدَةِ اللّاجِئينَ إِلى الوَطَنِ.
13. لِأَنَّهُ رَأى كَيْفَ وَصَفَ الطُّلّابُ الوَضْعَ في البَلَدِ بِطَريقَةٍ ساخِرَةٍ.
14. كَتَبَ رِسالَةً إِلى العَمِّ جاسِمٍ.
15. لا شَيْءَ كانَ يَعْمَلُ بِدونِ واسِطَةٍ.
16. أَرادَ أَنْ يُساعِدَهُ في الحُصولِ عَلى تَأْشيرَةِ شِنْغِن.
17. "عِشْ أَيْنَما تُرْزَقُ، وَعِشْ هانِئًا أَنْتَ وَأَوْلادُكَ."
18. لِتَأْمينِ الخُبْزِ لِأُسْبوعٍ كامِلٍ.
19. كانَ مُتَمَسِّكًا بِالوَطَنِ وَلا يُريدُ الهِجْرَةَ.
20. كانَتْ بَيْنَ أَلْفَيْ وَثَلاثَةِ آلافِ يورو.

1. Emad was a primary school teacher and his wife was an employee in technical services.
2. It was cut off for 4 hours and on for 4 hours.
3. A letter to an emigrant uncle encouraging him to return home.
4. They looked at the teacher strangely and couldn't believe what he was asking of them.
5. He asked about the meaning of the word "urge him."
6. He explained it means to say everything is good, electricity is 24 hours, and internet is cheap.
7. Because there was a long queue and he didn't have enough time.
8. He wanted to authenticate them and send them to his cousin in Germany.
9. One had to be a wrestler to be able to use public transportation.
10. She was doing laundry and ironing clothes.
11. It cost 5000 lira.
12. It was about a conference on refugees returning to the homeland.
13. Because he saw how the students described the country's situation sarcastically.
14. He wrote a letter to Uncle Jasim.
15. Nothing worked without connections.
16. He wanted to help him get a Schengen visa.
17. "Stay wherever you can make a living, and live happily with your children."
18. To secure bread for a whole week.
19. He was attached to his homeland and didn't want to emigrate.
20. It was between 2000 and 3000 euros.

SUMMARY

Read the scrambled summary of the story below. Write the correct number (1–10) in the blank next to each event to show the proper sequence.

___ حاوَلَ تَصْديقَ أَوْراقِهِ لَكِنَّهُ لَمْ يَسْتَطِعْ بِسَبَبِ الطّابورِ الطَّويلِ.

___ عاشَ عِمادٌ وَزَوْجَتُهُ أَحْلامُ حَياةً بَسيطَةً في دِمَشْقَ، هُوَ مُدَرِّسٌ وَهِيَ مُوَظَّفَةٌ.

___ هاجَرَ ابْنُ عَمِّهِ إِلى أَلْمانْيا كَكَثيرينَ، لَكِنَّهُ رَفَضَ الهِجْرَةَ.

___ عادَ إِلى المَنْزِلِ مُتْعَبًا وَوَجَدَ زَوْجَتَهُ قَدْ أَحْضَرَتِ الخُبْزَ.

___ كَتَبَ رِسالَةً عَلى دَفْتَرِ ديبو يَقولُ فيها إِنَّ الغِنى في الغُرْبَةِ أَفْضَلُ مِنَ الفَقْرِ في الوَطَنِ.

___ أَعْطى طُلّابَهُ دَرْسًا في التَّعْبيرِ عَنِ العَمِّ المُهاجِرِ.

___ صَحَّحَ دَفاتِرَ الطُّلّابِ وَضَحِكَ مِنْ إِجاباتِهِمْ.

___ شاهَدَ أَخْبارَ عَوْدَةِ اللّاجِئينَ عَلى التِّلْفازِ.

___ طَلَبَ مُساعَدَةَ ابْنِ عَمِّهِ في أَلْمانْيا لِلْحُصولِ عَلى تَأْشيرَةٍ.

___ بَعْدَ خَمْسِ سَنَواتٍ، ساءَ الوَضْعُ وَقَرَّرَ الهِجْرَةَ.

6   He tried to authenticate his papers but couldn't due to the long queue.

1   Emad and his wife Ahlam lived a simple life in Damascus, he as a teacher and she as an employee.

2   His cousin emigrated to Germany like many others, but he refused to emigrate.

7   He returned home tired and found his wife had brought bread.

10 He wrote a letter in Debo's notebook saying wealth living abroad is better than poverty in the homeland.

5   He gave his students a writing assignment about the emigrant uncle.

9   He corrected the students' notebooks and laughed at their answers.

8   He watched news about refugees returning on TV.

4   He asked his cousin in Germany for help getting a visa.

3   After five years, conditions worsened and he decided to emigrate.

MODERN STANDARD ARABIC READERS SERIES

www.lingualism.com/msar